格言点评

骆玉明 著
史建期 绘

復旦大學出版社

图书在版编目(CIP)数据

格言点评/骆玉明著;史建期绘. —上海: 复旦大学出版社,2018.8
ISBN 978-7-309-13775-0

Ⅰ. 格… Ⅱ. ①骆…②史… Ⅲ. 格言-汇编-世界 Ⅳ. H033

中国版本图书馆 CIP 数据核字(2018)第 158103 号

格言点评
骆玉明 著 史建期 绘
责任编辑/宋文涛

复旦大学出版社有限公司出版发行
上海市国权路 579 号 邮编: 200433
网址: fupnet@fudanpress.com http://www.fudanpress.com
门市零售: 86-21-65642857 团体订购: 86-21-65118853
外埠邮购: 86-21-65109143 出版部电话: 86-21-65642845
上海中华商务联合印刷有限公司

开本 787×1092 1/32 印张 10.125 字数 152 千
2018 年 8 月第 1 版第 1 次印刷
印数 1—5 100

ISBN 978-7-309-13775-0/H · 2836
定价: 58.00 元

目 录

自序

格言有着古老的历史和尊贵的身份，无论中外。中国最早的著作中，像《易经》中的卦爻辞、《老子》、《论语》，可以说大体都是格言式的。在西方，许多著名的思想家、哲学家，乃至像拿破仑这样的豪杰式人物，都著有专门的格言集。而古今中外一般著作中所载之嘉言警句及民间谣谚，被当作格言来引用也是普遍的现象。

但是，格言到底有什么用处呢？很多格言包含着训诫的意味，人们试图把他们所认识到的真理用一种简约的语言透彻地标示出来，借以指出生命的正确归向；当然，格言并不尽是如此庄肃，它也常是人们经验的归纳，体现着创作者的智慧和机趣。而愈是接近现代，格言所表达的奇思异想愈多，它又以嘲弄传统和成规的方式，探寻人生新的和多样化的可能。

一般来说，格言多少带着几分权威的色彩，它出于贤哲，载于典籍，流布于人口，常令人肃然起敬。当我们聊天、在与人争辩的时候，如果正好想起一句合适的格言，就好像得到了有力的支持，顿时心头一喜，眉梢飞扬；文章里夹有格言，似乎便格外生色。

不过，把格言的意义过分夸大也是可笑的。一句关于格言的格言说：“一句新的格言常常是一个英明的错误。”因为格言总是简约的，而生活却不可能被简约化；如果说格言能够表达某种真理性的东西，它也只能说出片面的真理。正因如此，很多格言其立场截然对立，却都是对的。有人要通过编纂名人格言来教育人民，这也许是了不起的愿望，但我们无法相信它有什么实际的意义。在现代社会里，不论是名流贤哲的训导，还是前人公认的信条，都不再能够轻易地博得人们信赖。

在《格言点评》这本小册子里选列了若干古今中外的格言——其中不少是非常有名、流传极广的。作为编撰人，笔者相信格言的价值只在它所表现的人生智慧，这种智慧带给我们种种趣味，又在与个人实际经验相结合时带给我们种种启发。还有，如果卖弄得恰当，我们也可以借此较为轻松地显示自己的博学和优雅——这其实是格言的一种重要用途。为了增添这种启发性和趣味性，笔者对所选的格言加上了点评，这或者是阐释，或者是引申，或者是纯粹的玩笑，而读者尽可以用同样轻松愉快的态度来读这本书。总之，笔者在此建议对格言取赏玩的态度，而不是无条件崇奉它。

这本书没有编得更厚一些，除了因为写点评文字颇费劲外，也是考虑到——格言这种东西，其实没有必要读很多。

——骆玉明

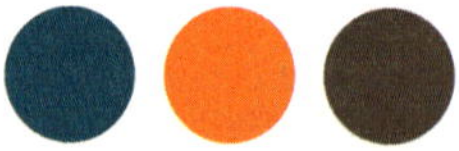

活着的问题

人只不过是一根芦苇，是自然界最脆弱的东西；但他是一根会思想的芦苇。

——帕斯卡《思想录》

人正因为会思想，才发现自己只是一根芦苇；在发现自己只是一根芦苇之后，他便越发地思想起来。

——骆氏点评

活还是不活，这是个问题。

——莎士比亚《哈姆雷特》

如果你觉得活着无聊而又不想死，可以反复思考这一严肃的哲学问题，直到它不再需要回答。

——骆氏点评

至于世人，他的年日如草一样，他发旺如野地的花。经风一吹，便归无有，他的原处也不再认识他。

——《旧约·诗篇》

在习惯的表述中，人生被描述为一个旅程，而故乡即『他的原处』被描述为旅程的出发点。人们用无数美好的语言来赞颂它，是为了使自己相信：他的生命是有根柢的，并非『经风一吹，便归无有』——人害怕这个结果。

——骆氏点评

人应尊敬他自己，并应自视能配得上最高尚的东西。

——黑格尔《小逻辑》

做到这一点并不难，困难的人首先要找到食物、住处、衣衫；在寻找这一切的时候，人渐渐对自己是否值得尊敬产生了怀疑。

——骆氏点评

故去使人的一切变得令人敬重。一个人的名字在葬礼之后便会从人们口中庄严地说出。

——普洛佩提乌斯《挽歌集》

我们敬重已死者，这使得我们对还活着的人的不敬重显得有道理。

——骆氏点评

今年死了明年总不会再死。

——莎士比亚《亨利四世》

这是很遗憾的事情：如果死了还可以再死，那么死就是最大的快乐与享受。

——骆氏点评

假如生活欺骗了你，不要忧郁，也不要愤慨！不顺心的时候暂且容忍：相信吧，快乐的日子就会到来。

——普希金《普希金抒情诗选》

假如生活一直欺骗你，你一直就背诵这首诗。

——骆氏点评

生活的结局往往并不美满。

——马塞尔·埃梅《月亮鸟》

所以我们应该在结局到来之前就把生活弄得乱七八糟，让上帝也无法收场。*T.S.* 艾略特这样说："成功是相对的，正是从那种我们能把它搞得一团糟的事情中，我们获得了成功。"（《阖家团聚》）

——骆氏点评

生命是一种进攻。

——怀特海《概念的探索》

一个生命所拥有的名称代表着它已拥有的事物：『皇帝』拥有国家，『老婆』拥有丈夫，『奴才』拥有主人。人既然生到这个世上，总要拥有点什么，否则它什么也不是——所以生命是一种进攻。

——骆氏点评

我们因久活成习，才不想去死。

——布朗《瓮葬》

死人都不再活过来的道理与此相同。

——骆氏点评

每个老人都抱怨世界在堕落，抱怨下一代的无礼和傲慢。

——塞缪尔·约翰逊《漫步者》

衰老不是人想要的东西，它意味着一个人正在被世界抛弃。而无论谁抛弃我们——情人也好，世界也好，惟一合理的解释只能是：对方已经堕落了，变得丑恶，无可救药了。于是我们能够长叹一口气离去。

——骆氏点评

劳动：名词。甲为乙创造财富的过程。

——安·比尔斯《魔鬼辞典》

每一份劳动都被许多人期待着——老板、税官、妻子和孩子：你如果能够辛辛苦苦地完成应做的一切，有希望得到他们齐声的赞美。

——骆氏点评

谁是傻瓜

假使其他人不傻，那么傻瓜一定是我们。

——布莱克《天堂与地狱的婚姻》

这个判断方法颇简明，可是我们常常是一会儿看别人很像傻瓜，一会儿看自己傻得出奇。到底谁是傻瓜？这就成了我们生活里必须不断思考的问题。

——骆氏点评

在考场上，愚人提出问题，智者无法回答。

——王尔德《供年轻人使用的短语与哲理》

重要的事情不是你是否具有回答问题的能力，而是你正坐在哪一个位置上——有权提问的人总是不错的。

——骆氏点评

一句蠢话可以用拉丁语来说，也可以用西班牙语来说。

——塞万提斯《狗的对话》

在塞万提斯的时代，拉丁语与西班牙语之间有高雅与俚俗之分。至于他的意见则恐怕是不尽然正确：在很多场合下，同样一句蠢话用自命不凡的腔调和高雅语言来说，能够将愚蠢放大若干倍——问题是你很可能听不懂『拉丁语』，只好在一旁目瞪口呆。

——骆氏点评

到过罗马的傻瓜比不出门的傻瓜懂得要多。

——英国谚语

傻瓜自己也知道这一点。他到过罗马之后，就天天说罗马了。

——骆氏点评

当你同半智半愚者谈话时，不妨说些废话；当你同无知者谈话时，不妨大肆吹牛；当你同睿智者谈话时，就该非常谦恭，而且要征询他们的看法。

——爱德华·布尔沃·利顿《保罗·克利福德》

但是需要防止出现这样的尴尬：你说了一通废话，然后开始大肆吹牛；等到忽然发现应该谦恭的时候，一切都已经晚了，你已经证明了自己是个傻瓜。

——骆氏点评

无知是生命本身存在的必要条件。如果我们了解一切，我们将无法忍受片刻的生存。

——阿纳托尔·法朗士《伊壁鸠鲁的花园》

一句很有名的格言说：知识就是力量。其实，这话反过来说也没错：无知就是力量。

——骆氏点评

聪明人嘲笑傻瓜，傻瓜也嘲笑聪明人，双方都感到同等的快乐。

——佚名《角色与观察》

嘲笑傻瓜无疑是快乐的事情。演员常常出卖这种快乐：他们扮成傻瓜的模样，供观众嘲笑并让他们满足于自己的聪明——当然，这是要掏钱的，双方也都感到同等的快乐。

——骆氏点评

愚昧人若静默不言，也可算为智慧。

——《旧约·箴言》

可是傻瓜如果懂得适时地闭上嘴，他已经不是傻瓜了。

——骆氏点评

乡村的农民虽然正直但是愚顽，城市的居民虽然聪明但是轻薄。

——福泽谕吉《文明论概略》

根据这一规则，我们难以判断的是：居住在城乡交界地域的人们，是正直而聪明呢，还是愚顽而轻薄？

——骆氏点评

男人和女人

爱情是盲目的，但婚姻恢复了它的视力。

——利希滕伯格《格言集》

夫妻吵架时，最常说的话就是：
“当初我真是瞎了眼睛……”
但是，若是不结婚，你又怎么
能够看清楚你爱上的人呢？

——骆氏点评

女人失去男人的陪伴会变得憔悴；男人失去女人的陪伴会变得愚蠢。

——契诃夫《笔记》

而另一面是：女人得到男人的陪伴会变得愚蠢；男人得到女人的陪伴会变得憔悴。

——骆氏点评

二十年的风流生活，会使一个女人看上去像一堆废墟；但二十年的婚姻生活，则会使她看上去像一座公共建筑。

——王尔德《一个无足轻重的女人》

废墟边上宜于写诗，公共建筑中适合发表堂皇的高论。

——骆氏点评

爱情是一种战争。

——奥维德《爱经》

这种战争的圆满结局是双方彼此征服，各自均收纳大量的谀词颂语，共同进入昏迷状态。

——骆氏点评

在爱情上，一切都是真的，一切都是假的。
在这个问题上，谁也不会显得荒谬。

——尚福尔《格言与思想家》

爱情是一种无法治疗的精神疾病，且每个人发病的症状也各不相同，惟一的办法是让患者自行痊愈——值得庆幸的是：这种病通常只是急性发作，转为长期慢性疾病的可能性极小。

——骆氏点评

爱情和红鼻子都是掩盖不住的。

——英国谚语

我们全都相信一个红鼻子的爱人特别可爱。

——骆氏点评

假如不能说每个丈夫觉得他的妻子美，至少可以说每个未婚夫都觉得他的未婚妻美，而且世上只有她美。

——黑格尔《美学》第一卷

作为哲学大师的黑格尔向我们指示了一个关于逻辑推导的例证，其结论是：当未婚妻作为妻子时，她就不美了。可是一般人不需要哲学和逻辑，也都懂得这一点，这似乎又足以证明哲学家经常在说废话。

——骆氏点评

女人常会突如其来地责备你，激起你猛烈的反驳——紧接着她又会要求你道歉。

——马克·吐温《笔记》

女人使用一种特殊的表达方法：她要求你道歉的时候，就表示她准备原谅你了，并且，这也表示她已经给你道歉了。

——骆氏点评

聪明女子是这样一种女性：和她在一起时，
你想要多蠢就能多蠢。

——瓦莱里《不好的想法》

男人的愚蠢使他成为一片令女人快乐而放心的园地，进来吧，没事的！

——骆氏点评

宁可住在旷野，不与争吵使气的妇人同住。

——《旧约·箴言》

要让妇人不争吵使气几乎是不可能的。但在旷野里并没有住满了流浪的男人，这表明男人宁可忍受妇人的争吵使气，也坚决要与她们同住。

——骆氏点评

男人讨厌博学的女人。

——丁尼生《公主》

因为这使男人失去了卖弄博学的对象。

——骆氏点评

上帝的工作

当幸运儿夸耀上帝的特殊恩惠时，上帝感到害臊。

——泰戈尔《飞鸟集》

为了不使上帝难堪，人们一般只是在不幸时才想起他。

——骆氏点评

阻止上帝再次降下大洪水的惟一原因是第一次洪水没有起作用。

——尚福尔《名人与轶事》

人类有足够的智慧抵挡同一阴谋被第二次使用；上帝如果想要做些什么对我们不利的事情，他必须想出另外的办法。

——骆氏点评

基督徒的上帝是这样一个父亲，他关心苹果远甚于关心他的孩子们。

——狄德罗《哲学感想录旁注》

人类和上帝的不同之处是：当孩子偷吃了苹果时，他们只是把孩子打得嗷嗷乱叫，而不是把他们赶走，这可以证明人类比上帝善良。

——骆氏点评

许多人遭到人类排斥时还以为是被上帝或大自然所吸引。

——W.R. 英奇《教区长的凡思补遗》

上帝或大自然在公认的价值序列上高于人类的社会；当我们投向这二者的怀抱时，便获得了向人类表示骄傲的权利。

——骆氏点评

一切宗教都许诺：良知和美德终将获得酬答；但才智或灵慧却没有得到任何许诺。

——叔本华《世界即意志和观念》

因为人们并不知道良知和美德到底有什么用处，神许诺这是有报酬的，他们才努力去做；至于聪明才智就没有这样的问题，人们能够凭借它收获应有的报酬，无待乎神的许诺。

——骆氏点评

奇迹证明了上帝对于人类智力的轻蔑。他断定，要把人类吸引到他周围，不必采用其他的方法，他们只配接受麻醉和最原始的感受方式。

——瓦莱里《原封不动》

人类永不休止地争论着一切问题，要从理智上说服他们，恐怕连上帝的生命也不够使用，所以他只能采用最简捷的方式。

——骆氏点评

在赌城蒙特卡洛，在这座神庙，善男信女络绎不绝，倾心于它的神秘体系。这里只有一个上帝，它的崇拜者们用自己的德行证明他们的虔诚，即使遭到毁灭，对他的信仰依然矢志不移。

——F. H. 布拉德利《格言集》

赌场的宗教与其他宗教一样：信仰基于奇迹，而奇迹总是发生在别人身上。

——骆氏点评

为什么摇尾巴

狗摇尾巴，不是为了你，而是为了你的食物。

——德拉克斯《藏书目录》

谄媚也是一种购买行为。在狗看来，人是为了看它摇尾巴，才给它食物的：它并没有亏欠人什么。

——骆氏点评

每个人都曾见过，一群猛犬在追捕猎物时比单独追逐时更加生气勃勃。如果我们没有类似的亲身体验，或许难以解释这种现象。

——休谟《人性论》

群众性的暴力往往就像狂欢节。而作为人类的行为的标志，是在这种暴力行为中还伴随着『正义』的吼声。

——骆氏点评

鹰隼放任小鸟的歌吟，不去理会它们唱些什么。

——莎士比亚《泰特斯·安德洛尼克斯》

小鸟也愿意以同样的高傲放任鹰隼，如果它们那样做不会被吃掉。

——骆氏点评

由一头狮子率领的一群麋鹿，比由一头麋鹿率领的一群狮子更可怕。

——普卢塔克《道德论丛》

身处危境的奴才需要表现出最
大的忠诚来挽救自己的生存。
他们把恐惧化成了勇敢。

——骆氏点评

每头驴子都喜爱听自己的鸣叫。

——富勒《至理名言》

本规则的例外情况：公驴听到它所喜爱的母驴在叫。

——骆氏点评

每当你仔细观察一头动物时，你就会感到似乎是某个人正坐在你旁边嘲笑你。

——伊莱亚斯·卡内蒂《人类的心境》

这句话的意思是：人若仔细观察动物，会发现自己跟它很相似。解脱这种苦恼的办法是：赶紧起来做一些动物不能做的事，譬如写一首诗，表示你热爱全人类。

——骆氏点评

在一只螃蟹看来，一个朝前行走的人要多蠢有多蠢。

——利希滕伯格《格言集》

很可以庆幸的是我们不会变成螃蟹，我们能够坚持正确的行走方式。

——骆氏点评

想要鸡蛋，就得忍受母鸡的咯咯噪声。

——英国谚语

很糟糕，我们总是忍受了无数咯咯叫的噪声，却很少得到鸡蛋。

——骆氏点评

“人对人是狼”这句拉丁谚语是对狼的诽谤。狼对其他的狼是和善的。

——戈勒《纽约时报杂志》

同类的重要性在人与人之间远远胜于狼与狼之间；人从他们的同类那里可以得到远为丰富的收获。

——骆氏点评

无论乌鸦怎样用孔雀的羽毛来装饰自己，
乌鸦毕竟是乌鸦。

——斯大林《斯大林文选》

斯大林可能知道另一条真理：只要把孔雀的羽毛拔光了，孔雀也就不成其为孔雀。

——骆氏点评

交友之道

施恩可以图报的，方可接受；过此则不感恩，反生恨。

——塔西佗《编年史》

这相当于你借了无法偿还的债务，债权人因此成为你在世上最觉讨厌的人。而“礼尚往来”、“知恩图报”这类格言之所以值得记取，因为它们提示了恰当而又文雅的债务关系。

——骆氏点评

君子赠人以言，庶人赠人以财。

——《荀子·大略》

这是一条特别需要牢记的格言，当别人希望你送礼的时候可以用上它。

——骆氏点评

非我而当者，吾师也；是我而当者，吾友也；谄谀我者，吾贼也。

——《荀子·修身》

关于阿谀拍马的卑劣与有害，从古到今，不论中外，人们已说了无数次，并且还将无数次地说下去。然而这是没有用的，我们第一眼永远是把『谄谀我者』误认为『是我而当者』。

——骆氏点评

116

“朋友”有时是一个缺乏意义的词汇，而“敌人”却不是这样。

——雨果《石堆》

我们可以随便地称呼一个人为“朋友”，但决不会随便地称一个人为“敌人”，这表明我们对后者的重视远远超过前者。

——骆氏点评

人无癖不可与交，以其无深情也；人无疵不可与交，以其无真气也。

——张岱《陶庵梦忆》

人和人的共鸣，虽也能产生在相似的高尚德性上，但其达到的程度，却远不能与产生在相似的弱点和缺陷上的共鸣相比。而向朋友呈现你的善意的最好方法，也就是恰当地暴露出你的缺陷。

——骆氏点评

试探朋友的忠诚和试探妻子的贞节是同样愚蠢的。

——约翰逊，见于鲍斯威尔《约翰逊传》

原因是：无论朋友的忠诚还是妻子的贞节，一经试探便会消失，而且你无法证明它们原来是否存在。换句话说，哪怕你不怕失去这种忠诚或贞节，试探也是徒增烦恼。

——骆氏点评

一个人只有不付账单，才能期望活在商家的记忆中。

——王尔德《供年轻人使用的短评与哲理》

人偶然也会想起对他有恩的人，但他永远不会忘记的，仍然是曾经亏负他的人。

——骆氏点评

真理与正义

真理太简单了，你总得通过复杂的路线才能到达它身边。

——乔治·桑《致阿尔芒·巴尔贝斯》

就像一场恋爱：我们对真理，不希望她穿得太多，也不希望她穿得太少；真理对我们，不希望我们太容易得到她，也不希望我们得不到她。

——骆氏点评

自由是做法律所许可的一切事情的权利。

——孟德斯鸠《论法的精神》

这一论断正确无比，但被遮蔽了的问题是：谁拥有制定法律的自由？

——骆氏点评

我们认为下面这些真理是不言而喻的：人人生而平等，造物者赋予他们若干不可剥夺的权利，其中包括生命权、自由权和追求幸福的权利。

——美国《独立宣言》

这些话都说得很对，但要稍加补充才完整：人人生而平等，生下来以后是否平等要看运气；生命权，你要管好它，小心遇上警官的枪走火、医生忘记了医书；自由权，凡允许自由的地方你尽管自由；追求幸福的权利，毫无问题，只要你追求得到。

——骆氏点评

研究真理（就是向它求爱求婚），认识真理（就是与之相处），和相信真理（就是享受它），乃是人性中最高的美德。

——培根《培根论说文集》

培根在这里把真理比作女人。男人对女人也有很坏的态度，譬如喜新厌旧、左右逢源、口是心非，甚至逼良为娼，等等。这也是人们对待真理的态度吗？

——骆氏点评

拥有武装的先知都胜利了，没有武装的先知都灭亡了。

——马基雅维利《君主论》

『正义必胜』还是『胜必正义』，不是容易解答的问题。但至少我们应该知道：惟有胜利者才有权力阐释何为正义。

——骆氏点评

在你把爱国之心从人类中间驱除之前，不会有一个太平的世界。

——萧伯特《V.C. 奥弗莱厄蒂》

然而在国界被消除之前，爱国之心是不可能被驱除的。崇尚人类立场和世界眼光的文豪们一再就狭隘的爱国主义的危险向人们提出严重警告，但它很快就被枪声所淹没。

——骆氏点评

不要问你们的国家能为你们做些什么，而要问你们自己能为国家做些什么。

——肯尼迪《就职演说》

当统治者向人民提出这样的要求时，他真正要说的很可能是：不要问我能为你们做些什么，而要问你们自己能为我做些什么。

——骆氏点评

法律犹如蛛网，抓住小的苍蝇，却让大的在你眼前把网冲破。

——富兰克林《格言历书》

用蜘蛛网拦不住飞鸟来譬喻法律对权势者的无效，早在古罗马时代就有了。但是，对于鸟来说，事实的真相并不是它冲破了蜘蛛的网，而是蜘蛛的网挡住了它的路。

中国旧戏曲里有一句响亮的台词：“王子犯法，与庶民同罪。”可是“法犯王子”又该如何呢？

——骆氏点评

少数人渴望自由，多数人只希望有个公正的主人。

——萨卢斯特《历史》

自由意味着选择一切、承担一切，这对大多数人来说都是过于沉重的责任。而有个公正的主人就像有个好父亲，责任归他，利益归你，生活因此而变得美妙。

——骆氏点评

向他头脑中灌输真理，只是为了保证他不在心中装填谬误。

——卢梭《爱弥儿》

人只要有了可以教育的对象，就会有很多真理等待灌输出去——那本是别人灌输进来的，除了占据头脑，未曾有过别的用处。

——骆氏点评

必要的战争就是正义的战争。

——马基雅维利《君主论》

所以在关于战争是否正义的判断上，从来没有人感到困难，困难的只是判断它是否必要。

——骆氏点评

把白纸装订进书中有一种特殊的魅力。没有失去纯洁、依然闪耀着天真色泽的白纸总是比它被使用之后更美好。

——利希滕伯格《格言集》

人类经常在做的一项重要的工作就是：把正在生长的树砍下来，制成纸浆，制成白纸，印上很多废话；然后打烂，再一次制造成纸浆，再一次印上废话——后者是为了环保。

——骆氏点评

善恶之间

你给他一个表现品德高尚的机会，他却没有抓住它。为此你将永远得不到他的原谅。

——尼采《格言集锦》

对任何人来说，表现品德高尚的机会总是很多的，问题在于这种机会要么来的不是时候，要么成本太高。如果一个人的高尚品德由于缺乏恰当的表现机会，以致不能被他人认识，那实在不能说是他的错。

——骆氏点评

最可敬的人写的文字，只要给我六行，我就能从中找出借口来判他绞刑。

——黎塞留主教《回忆录》

世界上最缺乏的可能是金钱，而最不缺乏的可能是借口或说是理由；重要的不是你有没有理由去做一件事，而是你有没有力量去做它。

——骆氏点评

不要与恶人作对。有人打你的右脸，连左脸也转过来由他打。

——《新约·马太福音》

可以相信这是羞辱和惩罚恶人的最好方法——我们只消不断地把右脸左脸伸过去让他打，总有一天他会因为无聊而自杀的。

——骆氏点评

行善者叩击着门环，仁爱者却发现门已开启。

——泰戈尔《飞鸟集》

如果没有门——通向天堂或圣界的门，行善者也罢，仁爱者也罢，会不会发现自己没有事情可做了呢？

——骆氏点评

良心的法则被我们认为是出于自然，而其实是由习俗所产生。

——蒙田《随笔集》

良心像一个在我们的家园里发号施令的外来客，常常令人感到不自在；幸好他糊涂而懦弱，很容易被我们说服，所以我们也并不急着把他撵走。

——骆氏点评

我们总是屈服于元凶巨恶，却对小小的挑衅忿忿不平。

——赫兹里特《论大事与琐事》

如果不能机智地屈服于可怕的“元凶巨恶”，我们将面对巨大的危险；如果不对“小小的挑衅”以及其他各种琐细的不公道提出抗争，我们将难以安抚自己的自尊心和正义感。通常是，前一种屈服愈甚，后一种忿忿愈烈。

——骆氏点评

君子远庖厨。

——《孟子·梁惠王上》

小吏对百姓总是恶狠狠的，坏事也做得多；大官则不同，通常他们较为和蔼可亲。这种区别并非缘于人品的高低，而是缘于职能的不同：后者乃是『君子』，他们不用亲自操刀杀猪宰羊。

——骆氏点评

苦难超过了一定的程度，人们就会被某种邪恶的冷漠所征服。

——雨果《悲惨世界》

冷漠、麻木，是人在无法忍受过度的苦难时保护自己的手段。同时，它也必然导致对周围世界漫无目标的报复。一个社会必须防止苦难的蔓延，首先并不是为了道义，而是需要安全。

——骆氏点评

挖陷坑的，自己必掉在其中。

——《旧约·箴言》

人们试图以这样的格言来警告那些“挖陷坑的”人——但是你如果相信这一点，挖陷坑的将非常高兴。

——骆氏点评

伪善是人们所能追求的最困难和最令人心烦的恶习，它需要精神上的常备不懈和极端孤立，它不像偷情或者暴食那样可以在闲暇时进行，它是一种全日制工作。

——毛姆《寻欢作乐》

毛姆所说的是一种学徒阶段的伪善，所以它会那样紧张。真正成熟的伪善其实是纯朴的、天然的，挥洒自如，犹如诗人说爱情一样出自肺腑。

——骆氏点评

总是扮演某个相同角色的伪君子最终不再是伪君子了。

——尼采《人性，太人性化了》

我们只能够从人的行为去判断人，从意图来判断人也许是上帝的工作。

——骆氏点评

即使是心地最善良的伟人，也需要有几个恶棍为他效力。总有些事情你无法请求正派人去做。

——拉布吕耶尔《品格论》

这也是爱惜正派人，使他们时时认识到自己是一个正派人的方法。

——骆氏点评

君子不蔽人之美，不言人之恶。

——《韩非子·内储说上·七术》

无论君子还是小人，其实都知道：赞美别人能够换回别人的赞美，指斥别人也必然换回别人的指斥。只不过君子看得很要紧的事，小人觉得无所谓而已。

——骆氏点评

历史的趣味

最晦涩难解的时期就是当今。

——斯蒂文森《越过平原》

因为无论过去还是未来，都可以用某种理论来解说；惟有当今，乃是一大堆乱七八糟的琐碎细节纠缠在一起。

——骆氏点评

没有一个伟人白白活着的。世界的历史无非是伟人的传记。

——卡莱尔《论英雄与英雄崇拜》

历史过于混乱，我们需要通过一些主要角色的演出将其描述得可以理解且富于故事趣味。如果说世界的历史无非是伟人的传记，那么需要知道的是，这种传记永远不会按照传主的意愿来写成。

——骆氏点评

一个人从对军士长感到战战兢兢的部门，调到一个可以对将军们耀武扬威的部门，无疑会心情痛快。对于我们中的怯懦者，历史之所以如此饶有魅力，原因可能即在于此。我们可以借助傲然对待死人来重获自信。

活人对死人的权利是一种不需要法律保障的基本人权。生前愈是禁止人们议论的统治者，死后会受到愈多的嘲弄。而无论怎样威势赫赫的权力人物，当想到他死后会被一个三流演员扮演着在舞台上摇头晃脑，被台下一群粗俗之徒肆意评说，多少感觉到历史有它自己的趣味。

——骆氏点评

当你打碎纪念碑时，保留它的基座吧——
它们迟早总会有用。

——斯坦尼斯拉夫·莱克《粗糙的想法》

至于华丽的府邸就更简单了——它只需重新装修。

——骆氏点评

古人充满了对更遥远的古人的颂扬。

——伏尔泰《哲学词典》

一种理想的社会状态是不可能存在于现时之中的，它要么在过去，要么在将来。而正是通过一面怀想过去，一面遥望将来，人们忍受了不如意的现在。

——骆氏点评

一个目睹两三代人变迁的老者，就好像坐在集市上魔术师的密室中，已看了两三遍把戏。而这些把戏只应该看一次。

——叔本华

《附录与补遗·论忍受尘世痛苦的教义》

阅读历史的益处也是把自己改变得老练，看眼前的把戏虽新鲜却又似曾相识。至于政治家们为什么总是要强调自己所做的一切都是“史无前例”的，道理也很简单：如果观众事先就猜透了魔术师的把戏，他的故弄玄虚就会变得滑稽可笑。

——骆氏点评

当预言成为历史时再去研究它们吧。

——托马斯·布朗《基督教真谛》

预言将来是人类的一项爱好，它通过占有未来的时间表达了对死亡的反抗。而当“未来”变为“现在”时，那些陈旧的预言除了能证明预言者的狂妄，什么用处也没有。

——骆氏点评

任何民族与政府都从未从历史中学到什么，也从未按照从历史中推导出来的原理去行事。

——黑格尔《历史哲学·序》

政治家们首先是按照自己的需要从历史中推导出原理来，而后证明自己的行事符合历史的原理。哲学家却以为有另一种可能。

——骆氏点评

不同的地位

想获得平等竟如此困难，原因在于：我们只想与上司共享它。

——亨利·贝克《文学上的争论》

平等作为永远不会结束的游戏而获得永恒价值。因为要求平等乃至以此为号召发动社会变革的人，最终总是造就了另一种新的不平等秩序。

——骆氏点评

奴役将人们贬低到最低点，以至他们以喜欢这种奴役而告终。

——沃维纳格《格言集》

在烤鸡店门口的招牌上，常可以看见一只笑容可掬的小母鸡在欢迎顾客的光临，它对于被吃的命运感到十分快乐。这符合我们的意愿。

——骆氏点评

暴君拼命地压迫他的奴才，而这些奴才并不反对他，却把比自己更卑微的人们轧得粉碎。

——艾米丽·勃朗特《呼啸山庄》

所幸几乎每个人都能找到比自己更卑微——至少更无力——的人。

——骆氏点评

如果你被置于某种地位的时间足够长，你的行为就会开始适应那种地位的要求。

——兰德尔·贾雷尔

《超级市场里的悲哀心情》

权贵沦为囚徒，同样能够适应后者的卑微生活。只是在一段时间里，他难以确认两种截然不同的地位何为真实何为梦幻，那时他变成了一个哲学家。

——骆氏点评

法官，和罪犯一样，也有荡检逾闲的时刻。

——王尔德《铁圈球内的批评家》

每一种称呼都引导出相应的行为方式。一个人被叫作“法官”，那就意味着他可以一面荡检逾闲，一面给被叫作“罪犯”的人加以必要的惩罚。

——骆氏点评

国王是人们为了自身利益、为了政治安定而创造出来的事物，正像一个家庭中某人被指定买肉一样。

——约翰·塞尔登《圆桌谈话》

这话一点不错，只是忘了说明：那个被指定买肉的人擅自改变了自己的职能，成了肉的占有者，而指定他买肉的人最终只能等待他赐给一点肉末。

——骆氏点评

蒲柏过于频繁地重复了对于大人物的轻蔑，以至显得不真实。没有人会对蔑视的对象作那么多思考。

——塞缪尔·约翰逊《诗人传·蒲柏》

金钱与权势这些东西，每每因为骚扰了人类高尚的心灵而遭到指斥；而指斥的严厉程度，往往正好标示了那些高尚心灵受骚扰的程度。

——骆氏点评

贫穷能使人沉沦，也能使人升华。

——高尔基《苏联纪游》

当贫穷的人已经“升华”了之后，他特别好诉说自己过去的贫穷；但他真正要显示给人的却并不是贫穷，而是他的升华。

——骆氏点评

国王是卑微者的天然情人。

——埃德蒙伯克《论经济改革的讲演》

在民间戏剧与小说里，充溢着对帝王生活的浪漫的描绘，那正是表达了民众对他们最深刻的思念。

——骆氏点评

成功的最佳捷径是让人们清楚地知道，你的成功符合他们的利益。

——拉布吕耶尔《品格论》

所以无论什么时代、什么地方，官员都喜欢宣称他们是民众的仆人，他们的职责是为民众谋利益。

——骆氏点评

各样心情

你的心也许会破碎，但人们却依旧会像从前一样生活。

——马可·奥勒留《自省集》

事情并不如此简单：你的破碎的心更可能成为人们饭后茶余有趣的话题，甚至引发热烈的争论。总之可以相信：它决不会白白破碎。

——骆氏点评

懒人总希望有所作为。

——沃维纳格《格言集》

所有人都希望有所作为。而懒人的特点是：他们总是在各种伟大的计划之间徘徊难决，不舍得为实现其中的一个而放弃了其他；他们什么也不做的理由很充分，就是因为他们勇敢地决定：什么也不放弃。

——骆氏点评

一个专务已业的人是不会找着许多嫉妒的缘由来的，因为嫉妒是一种游荡的情欲，在大街上徘徊而不肯居家。

——培根《论嫉妒》

对于好嫉妒的人来说，他的嫉妒正缘于世界对自己不公平；在找出这种不公平的原因之前，你又怎能教他专心于任何事务？

——骆氏点评

切莫绝望，甚至不要为了你从不绝望这一事实而感到绝望。

——卡夫卡《日记·1913》

人不是容易绝望的生物。如果一个人真的绝望了，他也能够将它改变成超凡脱俗和具有诗趣的情绪，使之足以提供自我欣赏——如此他也脱出绝望了。

——骆氏点评

有时我们以为自己憎恨奉承，其实我们憎恨的只是奉承的方式。

——拉罗什富科《箴言集》

所以，献出奉承的时候必须显示诚意，表明这其实不是奉承；接受奉承的时候需要微表嘲谑，表明自己并未被它所欺。

——骆氏点评

愤怒是由于别人的过错而惩罚自己。

——蒲柏《杂感》

这也是不得已才会有的事——我们上司的愤怒，从来不是用来惩罚自己的。

——骆氏点评

愤怒总以为它拥有超出实际的力量。

——善布利柳斯·西鲁斯《格言集》

愤怒的时候我们恢复了对自己的真正评价：我才是世界的主宰者。却忘记了别人也这样评价自己。

——骆氏点评

我们通过同他人的争吵创造出了修辞学，
又通过同自己的争吵创造出了诗篇。

——W.B. 叶芝

叶芝企图从起源上说明修辞学为何那样严格，而诗歌为什么总是充满感情。

——骆氏点评

最大的谄媚者是一个人的自我，和它相比，
其他的谄媚者都显得很有理智。

——培根《论文集·论爱情》

但我们仍然最喜欢他人的谄媚，就像我们即使有了足够的钱，仍然不放弃从别人那里赚到钱一样。

——骆氏点评

善于奉承的人一定也精于诽谤。

——拿破仑《格言集》

这两者需要的才能是相同的：看清楚对方的弱点，恰当地加以变形和夸张。虽然没有才华的人同样能够对人进行奉承和诽谤，但他们的工作太粗糙，在哪一方面都无法获取杰出的成果。

——骆氏点评

邪念似疾病，总在闲暇中袭来；善意如医生，总在匆忙中光顾。

——C.K. 切斯特顿《正统派》

在多数情况下，病菌是憩息在我们身体里面的，疾病不过是它们伸张自由的表现。至于医生，他对我们来说总是外人。

——骆氏点评

愤怒与其说是理智的标志，不如说是感情的标志，它是诚实症的突然发作。

——哈利法克斯《道德思想及见解》

骗子在遭到怀疑的时候，总是显出很愤怒的样子，他表明自己得了这种“诚实症”。

——骆氏点评

当一个人无话可说时，一定说得十分拙劣。

——伏尔泰《评高乃依》

人对人常常是无话可说的，而什么也不说却又十分可疑；因此，说些拙劣的话至少表达了一种诚恳和友好的态度。

——骆氏点评

伤心也属无事忙。

——约翰逊《书信集》

在伤心的时刻，人们不再关心外面的世界而只关心自己，并因此而显得优美。所以伤心虽然不带来任何有意义的结果，却仍为许多人所迷恋。

——骆氏点评

季文子三思而后行。子闻之，曰："再，斯可矣。"

——《论语·公冶长》

孔子的意思是：做一件事想得太少容易出毛病，想得太多恐怕就做不成，折中一下是最妥的。这是永远也不会出错的原则，可以拿来套用在一切场合——譬如饭不可吃得太少，亦不可吃得太多。

——骆氏点评

谁失去了希望，谁也就没有了恐惧。这就是“铤而走险”这个词的意义。

——叔本华《心理学评论》

统治艺术的要点：让被统治者永远生活在希望与恐惧不断交替的情绪状态中。老板控制下属的技巧可以类推。

——骆氏点评

与喜乐的人要同乐，与哀哭的人要同哭。

——《新约·罗马书》

人很难以他人的理由来引发自己的乐与哀，所以实际的情况大抵是：正在同乐或同哭的人在内心里各有各的理由，你哭的是爹，他哭的是妈。但只要声音神色相似，彼此间也就感到很亲切了。

——骆氏点评

如果你不必扮演其中的一个角色，这世界将是何等出色的一台喜剧！

——狄德罗《寄给索菲·伏朗的信简》

旁观的时候生活总是喜剧，当你跳进去充当演员时，它很快就变成悲剧了。而最糟糕的是谁也不能够耐心当观众，总以为自己能演得更好。

——骆氏点评

欲望即人类的本质。

——斯宾诺莎《伦理学》

欲海无边，在那里努力探出头来的是理智——但彼岸总是很远。

——骆氏点评

他很想从起跑线开始。但起跑线究竟在哪儿？

——伊莱亚斯·卡内蒂《人类的心境》

找不到起跑线正是闲逛的最好理由。生活其实正是如此：如果它逼迫我们做一件有意义的事情，我们可以向它提出一个无法回答的问题。

——骆氏点评

野心常常诱使人们做出最卑贱的事情，于是往上爬就表现得如同卑躬屈膝的蠕动。

——斯威夫特《杂感》

野心所指向的目标是尊贵和威严。但大多数人不可能到达他的目标，他们把所有的时间都用在了爬行的过程中。

——骆氏点评

最好是通过别人的厄运而不是通过你自己的厄运来学得聪明。

——《伊索寓言》

这就像拿别人的钱买你自己要用的东西，当然是最好的了，可惜别人的厄运与自己的厄运区别如此之大，以致无论你在别人的厄运里学到了什么，也不能防范你自己遭受同样的厄运。

——骆氏点评

渴望被理解，最终也许是一种最纯粹的利己主义。

——F. H. 布拉德利《格言集》

世界永远不能按照我们所喜欢的方式来理解我们，这令人感到难以容忍，它构成了我们与世界的永久抗争。

——骆氏点评

我们轻视许多事物，归根结底是为了不必轻视自己。

——沃维纳格《格言集》

轻视是一个动作，这个动作的真正意义就是表明：我们能够，我们有资格做这个动作。至于我们对事物的客观评价，则是另外一回事。

——骆氏点评

当你写下你本应去做的好事，而不提及你曾做的坏事——这就是回忆录。

——罗杰斯《威尔·罗杰斯的自传》

并非人人都是这样。有些人能够依靠描述自己做过的坏事来博得别人的尊重。

——骆氏点评

在人群中

你一走进社会，就该把你心灵的钥匙拔下来放进口袋，谁忘了把心灵之钥拔下谁就是傻瓜。

——歌德《和拉法特的谈话》

那些没有心灵或虽有心灵而尚未配备钥匙的，均不在傻瓜之列。

——骆氏点评

诉说灾祸很快就使人们腻烦，人们不愿看见忧伤的目光。

——毛姆《月亮和六便士》

鲁迅笔下祥林嫂的故事就是这句话的证明。人们不愿听他人反复诉说灾祸的原因恐怕不是怕见忧伤的目光，而是感受到一种威胁：我已经表示过同情了，你还想要我做什么？

——骆氏点评

一个人可能在他的礼貌中消失得无影无踪。

——梭罗《日记》

礼貌表示一种疏远而程式化的关系。最恶毒的争吵通常只出现在夫妇之间；他们以此表明两人的关系之亲近非同一般。

——骆氏点评

见贤思齐焉，见不贤而内自省也。

——《论语·里仁》

现下一般做父母的用相似的语言教导孩子——见到『大款』模样的人，他们会对孩子说：只要你如何如何，将来就会像他一样；见到穷寒落魄的人，他们会对孩子说：你如果不听话，长大就是这个样子。

——骆氏点评

一个人在证券交易所中被劫掠，就像是在战争中被杀死，伤害他的是那些素不相识的人们。

——阿尔弗雷德·卡皮《幸运》

但我们在交易所里所看到的战争，其文明程度是无可比拟的：虽然每个人都想要劫掠其他所有人，但彼此间却始终保持着充分的善意。而当一个人被“杀死”的时候，也根本不知道谁是他的敌人。

——骆氏点评

亲密生轻蔑。

——普布利留斯·西鲁斯《道德名言》

狗遇到另一只陌生的狗也许会很凶，但绝不会轻率地对待它。因为，凡是陌生的家伙，都有某些令人畏惧的地方。

——骆氏点评

一个人初入社交圈不该带入丑闻，他应该把它留着给自己的老年增添趣味。

——奥斯卡·王尔德《道林·格雷的画像》

年轻所做的荒唐事通常只被称为荒唐，老年所做的才被指为“丑闻”，这表明荒唐是年轻人的权利。

——骆氏点评

有好篱笆才有好邻居。

——弗罗斯特《修墙》

这跟边界确定的国家之间不容易发生战争是同样道理——眼前没有归属不清的利益可以争夺。

——骆氏点评

人世间往往是好人的遭遇不如坏人。

——高尔基《福马·高捷耶夫》

这种现象使许多人感叹：如果我们活在人世间，得到的好处和坏人一样多，却仍然是个好人，那该多么好啊！

——骆氏点评

“邻人”歌颂无私，是因为它能给他带来好处。如果他自己是无私的，他就会抨击那种为了他的私利而削弱力量、使人残缺的行为。

——尼采《快乐的科学》

承认自己自私等于也承认了他人自私的权利，但要求别人无私却绝不等于自己也以无私为原则——很多情况下恰恰相反。

——骆氏点评

民众具有一种我们所不能理解的深邃的智慧。

——高尔基《抱怨》

因为所有的民众都互相反对，并且每一个民众都反对自己。

——骆氏点评

生活中没有比谣言的声音更快的东西。

——普劳图斯《残篇》

因为谣言所传播的内容本来就是人们内心的期待：谣言证实了他们的预见、智慧，或者道德感。

——骆氏点评

我们渴望说话，却不在乎是否有人倾听。

——梭罗《日记》

世界因此变成一片模糊的声音。我们彼此的话语毫不相干，却亲密地纠缠在一起，用谁也不明白的方式拼凑、连接，最后指向一个谁也不知道的结果。然而我们至少能够声称：我已经说过了。

——骆氏点评

众所周知，大家一起忍受不幸，不幸就会减轻。人们似乎认为无聊也是一种不幸，所以聚拢来共同感受它。

——叔本华《附录与补遗·忠告与格言》

很多人的无聊汇聚在一起的时候，单个人的无聊就消失了，它们快乐地找到了自己的朋友。

——骆氏点评

在日常生活中，我们往往由于自身的缺点而不是优点才招人喜欢。

——拉罗什富科《箴言集》

如果我是一个傻瓜，至少免费向你提供了两件重要的东西：安全感和优越感——但是，你有可能要为此付出代价。

——骆氏点评

必然或者偶然

冒险胜于谨慎，因为命运之神是女人。

——马基雅维利《君主论》

在斗牛场、拳击场等各种凶险的场合，因为兴奋而放声尖叫的总是女人。人们据此得出结论：女人更富于人性。

——骆氏点评

石块砸瓦罐，倒霉的是瓦罐；瓦罐砸石块，倒霉的也是瓦罐。

——犹太谚语

但这里还是有重要的区别——据说构成悲剧的一个基本前提是：由主人公自己选择行动并承担它的后果。

——骆氏点评

除非结局好，否则任何事的开端都不能算好。

——富勒《至理名言》

就像在棋赛中，赢棋的人不但解释了自己赢棋的原因，还解释了对方输棋的原因。

——骆氏点评

猎狗们迄今仍在庭院中嬉戏，但它们的猎物无法逃脱，尽管它或许正在森林中飞跑。

——卡夫卡《中国的长城·1917—1919年格言》

总是有一种结果会出现的；只要结果出现，原因也就被发现了。

——骆氏点评